Salate Sănătoase pentru Orice Ocazie

Rețete Delicioase pentru O Viață Sănătoasă

Ana Maria Popescu

rezumat

Salată cremoasă crocantă 9
Salata Bistro Bacon 11
Salată de ton cu curry 13
Salată de spanac afine 15
Salată de spanac Bermude 17
Salata de spanac si ciuperci 19
Salată delicioasă cu spanac 21
salată Cezar 22
Salată cu șuncă, pere caramelizate și nuci 25
Salata romana si mandarine cu sos de mac 27
Salată de casă în stil restaurant 29
Salata de spanac 31
Salată de spanac Super Seven 33
Salată delicioasă 34
Salata de spanac si orz 35
Salata de capsuni, kiwi si spanac 37
Salata de spanac si rodie 38
Salată de spanac cu sos de jeleu de piper 39
Salată super ușoară de spanac și ardei roșu 40
Salata de spanac, pepene verde si menta 41
Frumoasa salata de rodii 43
Salată crocantă de mere și migdale 44
Mandarină, Gorgonzola și Migdale Delight 45
Salata romana si portocale sotate 46

Salată care creează dependență 47

Salată de varză cu rodie, semințe de floarea soarelui și fulgi de migdale
.... 49

Salată Feta de rodii cu vinaigretă de lămâie de Dijon 51

Salata de rucola, fenicul si portocala 53

Salata de avocado, pepene verde, spanac 54

Salată de avocado, kale și quinoa 55

Salată de dovlecel cu dressing special 57

Salata de legume si bacon 59

Salată crocantă de castraveți 61

Salată colorată de legume și brânză 63

Salată cremoasă de castraveți 65

Salata de bacon si broccoli 67

Salată de legume și pâine de porumb 69

Salată de fasole și legume 71

Salata de porumb si masline 73

Salata de porumb 75

Salată maghiară proaspătă 77

Amestecul perfect de roșii, castraveți și ceapă 79

Salată clasică de castraveți 81

Salată de roșii cu stropi de cireșe 83

Salata de sparanghel 85

Salată de paste și fasole neagră 87

Salată de spanac și sfeclă roșie 89

Salata de cartofi cu otet balsamic 91

Salata de rosii marinate 93

Salată gustoasă de broccoli 95

Salată italiană de porumb cu dressing italian 97

Salata de sparanghel si ardei 98

Salată de roșii și busuioc 100

Salată de grădină colorată 102

Salată de ciuperci 104

Salata de quinoa, menta si rosii 106

Reteta de salata de varza murata 108

Salată rapidă de castraveți 110

Felii de roșii cu sos cremos 112

Farfurie cu salata de sfecla 113

Salata de pui si spanac 115

Salată germană de castraveți 117

Salată colorată de citrice cu sos unic 119

Salată de cartofi, morcovi și sfeclă roșie 121

Salată de spanac și mure 122

Salată de legume cu brânză elvețiană 124

Salată gustoasă de morcovi 126

Salata de legume marinate 128

Salata de porumb colorat prajit 130

Castravete cremos 132

Salată de ciuperci marinate și roșii 134

Salata de fasole 136

Salata de sfecla rosie cu usturoi 138

Porumb marinat 139

Salată de mazăre 141

Salata de napi 143

Salată cu mere avocado 145

Salată de porumb, fasole și ceapă 147

Salată vegetariană italiană 149

Salată de paste cu fructe de mare 151

Salata de legume la gratar 153

Salată delicioasă de porumb de vară 155

Salată crocantă de mazăre cu caramel 157

Salată magică de fasole neagră 159

Salata greceasca foarte buna 161

Uimitoare salată thailandeză de castraveți 163

Salată cu busuioc de roșii bogată în proteine 165

Salată rapidă de avocado și castraveți 167

Salata de orz cu rosii si feta 169

Salată englezească de castraveți și roșii 171

Salata de vinete a bunicii 173

Salata de morcovi, bacon si broccoli 175

Salata de castraveti si rosii cu smantana 177

Salata Tortellini de rosii 179

Broccoli si bacon in sos de maioneza 182

Salata de pui cu crema de castraveti 184

Legume cu sos de hrean 186

Salată de mazăre dulce și paste 188

Salata colorata de ardei 190

Salata de pui, rosii uscate si nuci de pin cu branza 192

Mozzarella si salata de rosii 194

Salată de dovlecel picant 196

Salată de roșii și sparanghel 198

Salata de castraveti cu menta, ceapa si rosii 200

Adas salatas 202
Ajvar 204
Salata Bakdoonsiyyeh 206
Salata Rellen 207
Salata Curtido 209
Salata Gado Gado 211
Hobak Namulu 213
Salata Horiatiki 215
Salată de pui Waldorf 217

Salată cremoasă crocantă

ingrediente

O cană de maioneză

2 linguri. oțet de mere

1 lingurita. Semințe de chimen

1 cap Varză, mărunțită

2 salote, tocate

2 mere verzi, tăiate felii

1 cana de bacon

Sare si piper dupa gust

Metodă

Maioneza trebuie amestecată cu semințe de chimen și oțet de mere. Când este bine omogenizat, amestecați amestecul cu varza tocată mărunt, eșalota, merele verzi și baconul fiert. In acest moment se amesteca bine ingredientele, apoi se condimenteaza dupa gust, se adauga sare si piper daca este necesar, dupa gust si apoi se lasa putin deoparte inainte de servire.

Bucurați-vă!!

Salata Bistro Bacon

ingrediente

1 cana de bacon

2 linguri. oțet de mere

1 lingurita. mustar Dijon

Ulei de masline

1 buchet de verdeturi misclun

Sare si piper dupa gust

1 ou, poșat

Metodă

Mai intai se prajeste baconul si apoi se toaca baconul prajit. Acum amestecați într-un castron oțetul de cidru, muștarul de Dijon, uleiul de măsline, sare și piper. După ce amestecați bine toate aceste ingrediente, combinați acest amestec cu legumele mesclun. Se ornează apoi salata cu baconul tocat și oul poșat.

Bucurați-vă!!

Salată de ton cu curry

ingrediente

1 lingurita. pudra de curry

Ulei vegetal

½ cană O cană de maioneză

Suc de lămâie

O conserva de ton

2 cepe roșii, tăiate felii

1 buchet de coriandru

10-12 stafide aurii

Sare si piper dupa gust

Metodă

Pudra de curry este prăjită în ulei vegetal și apoi lăsată deoparte să se răcească. Acum puneți maioneza, sucul de lămâie, sare și piper într-un bol și amestecați bine. Acum ia pudra prăjită și acest amestec și amestecă-l cu melodia conservată, coriandru, ceapa roșie și stafide. Se amestecă bine, apoi se servește salata delicioasă după gust și interesantă.

Bucurați-vă!!

Salată de spanac afine

ingrediente

½ cană de unt

Mai puțin de o cană de migdale, albite

Un kilogram de spanac, tăiat în bucăți

O ceașcă de merișoare uscate

1 lingurita. Seminte de susan, prajite

1 lingurita. Seminte de mac

1/2 cană zahăr alb

1 ceapa, tocata

1 lingurita. Paprika

Aproximativ 1/2 cană de oțet de vin alb

oțet de mere

1/2 cană de ulei vegetal

Metodă

Luați o tigaie și topiți untul în ulei la foc mic, apoi adăugați migdalele și prăjiți-le. Iar cand este prajita, lasam putin sa se raceasca. Acum ia un alt castron de dimensiune medie, amestecă semințele de susan, macul, zahărul, ceapa, cu oțetul de vin alb, oțetul de mere și uleiul. Apoi amestecați acest amestec cu spanacul și, la final, turnați-l în vasul cu migdale prăjite și afine uscate. Apoi salata este gata de servit.

Bucurați-vă!!

Salată de spanac Bermude

ingrediente

5-6 ouă

1/2 lb bacon

Aproximativ două kilograme de spanac, tocat mărunt

3 crutoane

1 cană de ciuperci

1 ceapă

O cană de zahăr alb

Ulei vegetal

1 lingurita. Piper negru, măcinat

seminte de telina

1 lingurita. mustar Dijon

Metodă

Se pun ouale intr-o cratita si se acopera complet cratita cu apa rece, apoi se aduce apa la fiert, apoi se lasa oul sa se aseze in apa, apoi se lasa cratita deoparte si se lasa sa se raceasca. Când ouăle s-au răcit, se curăță și se toacă. În acest moment puneți slănina într-o tigaie și gătiți-o până se rumenește. După ce le-ați gătit, scurgeți-le. Acum ia restul ingredientelor și amestecă bine. Cand este bine amestecata, salata este gata de servit.

Bucurați-vă!!

Salata de spanac si ciuperci

ingrediente

1 kg de slănină, feliată

3 oua

1 lingurita. zahar alb

2-3 linguri. de apa

2 linguri. de otet de mere

Un kilogram de spanac

sare

Aproximativ o jumătate de kilogram de ciuperci, tăiate în felii

Metodă

Luați o tigaie mare și gătiți feliile de bacon în ulei la foc mediu. Cand baconul s-a rumenit, se sfarama si se da deoparte si in acelasi timp se tine si grasimea de bacon deoparte. Acum puneți ouăle în tigaie și acoperiți cu apă și apoi aduceți apa la fiert. Apoi scoateți ouăle din cuptor și lăsați-le să se răcească, apoi curățați-le și tăiați-le felii. Acum puneți zahărul, apa, oțetul și sarea în tigaia cu untură și încălziți-le bine. Acum aduceți toate ingredientele cu spanacul într-un castron mare, amestecați-le și delicioasa salată este gata de servit.

Bucurați-vă!!

Salată delicioasă cu spanac

ingrediente

3 oua

Un kilogram de bacon, feliat

Buchet de spanac, curatat si uscat

Cam o cană de zahăr

1/2 cană de oțet alb

O cană de oțet de vin roșu

3 cepe verzi

Metodă

Luați ouăle într-o tigaie și acoperiți-le cu suficientă apă rece și apoi aduceți apa la fiert, acoperind tigaia. Când ouăle sunt gata, lăsați-le deoparte să se răcească și apoi curățați-le și tăiați-le în felii sau felii. Acum aduceți mazărea în tigaie și gătiți-le la foc mic. Când slănina s-a rumenit, transferați-o într-un castron mare cu spanacul și ceapa verde. Turnați untura și restul ingredientelor în bol, amestecați bine și apoi salata este gata de servit.

Bucurați-vă!!

salată Cezar

Ingrediente:

1 cap de salata romana

2 căni de crutoane

1 suc de lamaie

1 sos Worcestershire Dash

6 catei de usturoi, tocati

1 lingura. mustar Dijon

½ cană de ulei de măsline

¼ cană parmezan ras

Metodă

Pasați crutoanele într-un castron adânc. A pune deoparte. Se amestecă muștarul, sucul de lămâie și sosul Worcestershire într-un castron. Se amestecă bine într-un mixer și se adaugă încet uleiul de măsline până devine cremos. Turnați dressingul peste salată verde. Adăugați crutoanele și brânza și amestecați bine. Serviți imediat.

Bucurați-vă!

Salată cu șuncă, pere caramelizate și nuci

Ingrediente:

2 căni de suc de portocale

2 linguri. otet de vin rosu

2 linguri. ceapa rosie tocata marunt

1 lingura. zahar alb

1 lingura. vin alb

1 cană nuci tăiate pe jumătate

½ cană zahăr alb

cană cu apă

¾ de cană de ulei de măsline extravirgin

1 lingura. Unt

2 Pere - decojite, dezlipite de miez si taiate felii

Șuncă, tăiată în fâșii subțiri - 1/4 lb

2 inimi romane, clătite și rupte

Metodă

Într-o cratiță medie, încălziți mai întâi sucul de portocale la foc mediu-mare, amestecând des, până scade cu 1/4. Se pune intr-un blender, impreuna cu otetul, ceapa, zaharul, vinul, sare si piper. Topiți untul într-o tigaie antiaderentă la foc mediu în timp ce continuați să bateți la viteză mică, îndepărtați capacul și stropiți cu ulei de măsline pentru a emulsiona dressingul. Adăugați zahăr și apă și gătiți, amestecând continuu. Se calesc perele si nucile in unt timp de 3 minute. Se ia de pe foc si se lasa deoparte sa se raceasca. Adăugați vinegreta. Serviți acum pe un platou italian mare.

Bucurați-vă!

Salata romana si mandarine cu sos de mac

Ingrediente:

6 felii de bacon

1/3 cana otet de mere

cană de zahăr alb

½ cană ceapă roșie tocată grosier

½ linguriță. Pudră de muștar uscat

linguriță. sare

½ cană ulei vegetal 1 linguriță. Seminte de mac

10 cesti de frunze de salata romana rupte

10 oz pene de mandarină drenate

¼ cană migdale fulgi prăjite

Metodă

Rumeniți baconul într-o tigaie. Se scurge, se sfărâmă și se lasă deoparte.

Pune oțetul, zahărul, ceapa roșie, pudra de muștar și sarea în vasul unui blender. Reduceți viteza blenderului la mediu-mic. Încorporează semințele de mac, acum amestecă până se încorporează și dressingul este cremos. Arunca salata romana cu baconul maruntit si mandarine intr-un castron mare. Acoperiți cu dressing și serviți imediat.

Bucurați-vă!

Salată de casă în stil restaurant

Ingrediente:

Schimbați porțiile

1 salată romană cu cap mare - clătită, uscată și tăiată în bucăți

Borcan de 4 oz ardei ienibahar tăiat cubulețe, scurs

2/3 cană ulei de măsline extravirgin

1/3 cană oțet de vin roșu

1 lingurita. sare

1 Big Head Iceberg - clătit, uscat și tăiat în bucăți

14 oz Inimioare de anghinare, scurse și tăiate în sferturi

1 cană de ceapă roșie feliată

linguriță. Piper negru

2/3 cană brânză - parmezan ras

Metodă

Combinați toate ingredientele într-un bol și amestecați bine. Serviți imediat.

Bucurați-vă!

Salata de spanac

Ingrediente:

Schimbați porțiile

½ cană zahăr alb

1 cană de ulei vegetal

2 linguri. sos Worcestershire

1/3 cană de ketchup

½ cană de oțet alb

1 ceapa mica tocata

450 g spanac - clătit, uscat și tăiat în bucăți mici

4 oz castane de apă scurse felii

5 felii de bacon

Metodă

Combinați toate ingredientele într-un bol și amestecați bine. Serviți imediat.

Bucurați-vă!

Salată de spanac Super Seven

Ingrediente:

Pachet de 6 oz frunze de spanac pentru copii

1/3 cană brânză cheddar tăiată cubulețe

1 măr Fuji decojit, fără miez și tăiat cubulețe

1/3 cana ceapa rosie tocata marunt

¼ cană de afine uscate îndulcite

1/3 cană de migdale fulgi albite

3 linguri. Sos de salată cu semințe de mac

Metodă

Combinați toate ingredientele într-un bol și amestecați bine. Serviți imediat.

Bucurați-vă!

Salată delicioasă

Ingrediente:

8 cani de frunze de spanac baby

11 oz. Cutie de mandarine scurse

½ ceapă rosie medie, tăiată separat în rondele

1 cană de brânză feta măruntită

1 cana vinaigreta sos de salata balsamic

1 1/2 cani de merisoare uscate indulcite

1 cana migdale feliate prajite cu miere

Metodă

Combinați toate ingredientele într-un bol și amestecați bine. Serviți imediat.

Bucurați-vă!

Salata de spanac si orz

Ingrediente:

Pachet Orzo Paste Nefierte 16oz

Pachet de 10 oz frunze de spanac tocate fin

½ kilogram de brânză feta mărunțită

½ ceapa rosie bine tocata

ceasca de nuci de pin

½ linguriță. Busuioc uscat

linguriță. Piper alb măcinat

½ cană de ulei de măsline

½ cană de oțet balsamic

Metodă

Aduceți la fiert o oală mare cu apă ușor sărată. Transferați într-un castron mare și adăugați spanacul, feta, ceapa, nucile de pin, busuioc și piperul alb. Se adauga orzul si se fierbe 8-10 minute, se scurge si se clateste cu apa rece. Se imbraca cu ulei de masline si otet balsamic. Se da la frigider si se serveste rece.

Bucurați-vă!

Salata de capsuni, kiwi si spanac

Ingrediente:

2 linguri. Otet de zmeura

2 1/2 linguri. Gem de zmeură

1/3 cană ulei vegetal

8 căni de spanac, clătit și tăiat în bucăți mici

½ ceasca de nuci tocate

8 căpșuni tăiate în sferturi

2 kiwi decojiți și tăiați felii

Metodă

Combinați toate ingredientele într-un bol și amestecați bine. Serviți imediat.

Bucurați-vă!

Salata de spanac si rodie

Ingrediente:

1 pungă de 10 uncii frunze de spanac pentru copii, clătite și scurse

1/4 ceapă roșie, feliată foarte subțire

1/2 cana nuci tocate

1/2 cană feta măruntită

1/4 cană muguri de lucernă, opțional

1 rodie, decojită și desămânțată

4 linguri. oțet balsamic

Metodă

Pune spanacul într-un castron de salată. Se ornează cu ceapă roșie, nuci, feta și muguri. Se presara peste semintele de rodie si se stropesc cu vinegreta.

Bucurați-vă!

Salată de spanac cu sos de jeleu de piper

Ingrediente:

3 linguri. Jeleu delicat de ardei

2 linguri. Ulei de masline

1/8 linguriță. sare

2 cani de frunze de spanac baby

2 oz brânză de capră feliată

1/8 linguriță. mustar Dijon

Metodă

Combinați toate ingredientele într-un bol și amestecați bine. Serviți imediat.

Bucurați-vă!

Salată super ușoară de spanac și ardei roșu

Ingrediente:

ceasca de ulei de masline

Pachet cu spanac pentru copii de 6 oz

½ cană de brânză - parmezan ras

ceasca de otet de orez

1 ardei rosu tocat

Metodă

Combinați toate ingredientele într-un bol și amestecați bine. Serviți imediat.

Bucurați-vă!

Salata de spanac, pepene verde si menta

Ingrediente:

1 lingura. Seminte de mac

¼ cană de zahăr alb 10 oz. Pungă cu frunze baby baby de spanac

1 cană de oțet de mere

ceașcă de sos Worcestershire

½ cană de ulei vegetal

1 lingura. seminte de susan

2 căni de pepene verde tăiat cubulețe cu semințe

1 cana frunze de menta tocate marunt

1 ceapa rosie mica taiata felii subtiri

1 cană nuci pecan prajite tocate

Metodă

Combinați toate ingredientele într-un bol și amestecați bine. Serviți imediat.

Bucurați-vă!

Frumoasa salata de rodii

Ingrediente:

Cutie de 10 oz mandarine scurse

10 uncii de frunze de spanac

10 uncii frunze de rachetă

1 rodie decojită și semințele separate

½ ceapă roșie feliată subțire

Metodă

Combinați toate ingredientele într-un bol și amestecați bine. Serviți imediat.

Bucurați-vă!

Salată crocantă de mere și migdale

Ingrediente:

Pachet cu salată mixtă de 10 oz

½ cană de migdale fulgi

½ cană brânză feta mărunțită

1 cană plăcintă cu mere tocată, fără miez

¼ cană ceapă roșie feliată

ceasca de stafide aurii

1 cană sos de salată cu vinaigretă de zmeură

Metodă

Combinați toate ingredientele într-un bol și amestecați bine. Serviți imediat.

Bucurați-vă!

Mandarină, Gorgonzola și Migdale Delight

Ingrediente:

½ cană de migdale fulgi albite, prăjite uscat

1 cană de Gorgonzola

2 linguri. otet de vin rosu

11 oz mandarine, suc rezervat

2 linguri. Ulei vegetal

12 oz de salată mixtă

Metodă

Combinați toate ingredientele într-un bol și amestecați bine. Serviți imediat.

Bucurați-vă!

Salata romana si portocale sotate

Ingrediente:

½ cană de suc de portocale

1 salata romana cu cap mare - rupta, spalata si uscata

3 conserve de mandarine

½ cană de migdale fulgi

3 linguri. Ulei de masline

2 linguri. otet de vin rosu

½ linguriță. Piper negru

linguriță. sare

Metodă

Combinați toate ingredientele într-un bol și amestecați bine. Serviți imediat.

Bucurați-vă!

Salată care creează dependență

Ingrediente:

1 cană de maioneză

½ cană de brânză de vaci rasă

½ cană de morcov ras

¼ cană brânză proaspătă - parmezan ras

2 linguri. zahar alb

Pachet de 10 oz amestec de salată verde

½ cană Buchete mici de conopidă Mici

½ ceasca bucati de bacon

Metodă

Într-un castron mic, 1/4 cană de parmezan, zahăr și maioneza sunt combinate până se omogenizează bine. Acoperiți, apoi dați la frigider peste noapte. Combinați salata verde, bucățile de bacon, 1/2 cană de morcov, parmezan, conopida într-un castron mare de servire. Amestecați cu dressingul rece chiar înainte de servire.

Bucurați-vă!

Salată de varză cu rodie, semințe de floarea soarelui și fulgi de migdale

Ingrediente:

½ kilogram de varză

1 1/2 cană de semințe de rodie

5 linguri. Oțet balsamic

3 linguri. ulei de măsline extra virgin

2 linguri. Seminte de floarea soarelui

1/3 cană migdale fulgi

5 linguri. Otet de orez cu aroma de chili

Sarat la gust

Metodă

Spălați și scuturați excesul de apă din varză. Tăiați frunzele până când sunt fine, dar încă puțin frunze. Migdalele feliate, varza mărunțită, semințele de rodie și semințele de floarea soarelui sunt amestecate într-un castron mare; arunca pentru a combina. Scoateți coastele și tulpinile centrale. Uleiul de măsline, oțetul de orez și amestecul de oțet balsamic se stropesc peste amestecul de varză și se amestecă. Se asezoneaza cu sare pentru a servi.

Bucurați-vă!

Salată Feta de rodii cu vinaigretă de lămâie de Dijon

Ingrediente:

Pachet de legume amestecate pentru copii de 10 oz

Pachet de 8 oz de brânză feta mărunțită

1 lămâie rasă și storsă

1 lingurita. mustar Dijon

1 rodie decojită și semințele separate

3 linguri. otet de vin rosu

3 linguri. Ulei de măsline extra virgin

Sare si piper dupa gust

Metodă

Salata verde, brânza feta și semințele de rodie se pun într-un castron mare. Apoi, sucul și coaja de lămâie, oțetul, muștarul, sarea, uleiul de măsline și piperul sunt amestecate într-un castron mare separat. Amestecul se toarnă peste salată și se amestecă pentru a se acoperi. Acum serviți imediat la săpat.

Bucurați-vă!

Salata de rucola, fenicul si portocala

Ingrediente:

½ linguriță. Piper negru

ceasca de ulei de masline

1 buchet de rachetă

1 lingura. Miere

1 lingura. Suc de lămâie

½ linguriță. sare

2 Portocală decojită și segmentată

1 bulb de fenicul tăiat în felii subțiri

2 linguri. Măsline negre tăiate felii

Metodă

Combinați toate ingredientele într-un bol mare și amestecați bine. Serviți imediat. Bucurați-vă!

Salata de avocado, pepene verde, spanac

Ingrediente:

2 avocado mari decojite, fără sâmburi și tăiate cubulețe

4 căni de pepene verde tăiat cubulețe

4 cesti frunze de spanac

1 cana vinaigreta sos de salata balsamic

Metodă

Combinați toate ingredientele într-un bol mare și amestecați bine. Se serveste rece.

Bucurați-vă!

Salată de avocado, kale și quinoa

ingrediente

2/3 cană de quinoa

1 grămadă de varză creț tăiată în bucăți mici

½ avocado, curățat și tăiat cubulețe

1/3 cana ardei gras rosu, tocat

½ cană castraveți, tăiați cubulețe

2 linguri. Ceapa rosie, tocata marunt

1 1/3 cani de apa

1 lingura. Feta mărunțită

Pentru condimente

¼ cană ulei de măsline2 linguri. Suc de lămâie

1 ½ lingură. mustar Dijon

linguriță. Sare de mare

linguriță. Piper negru, proaspăt măcinat

Metodă

Adăugați quinoa și apa într-o cratiță. Se aduce la fierbere. Reduceți căldura și gătiți 15 până la 20 de minute. Ține-o deoparte. Se fierbe varza cu un aparat de abur timp de 45 de secunde. Se amestecă toate ingredientele pentru dressing într-un bol. Se amestecă varza kale, quinoa, avocado și restul ingredientelor și se amestecă cu sosul pentru salată.

Bucurați-vă!

Salată de dovlecel cu dressing special

ingrediente

6 dovlecei mici, feliați subțiri

½ cană de ardei verde, tocat

½ cană ceapă, tăiată cubulețe

½ cană de țelină, tăiată cubulețe

1 borcan Pimientos, scurs și tăiat cubulețe

2/3 cana otet

3 linguri. otet de vin alb

1/3 cană ulei vegetal

½ cană zahăr

½ linguriță. Piper

½ linguriță. sare

Metodă

Se amestecă toate legumele într-un bol de mărime medie și se lasă deoparte. Toate celelalte ingrediente se amestecă într-un borcan cu capac ermetic. Agitați puternic amestecul și turnați-l peste legume. Soteți ușor legumele. Acoperiți și lăsați la frigider peste noapte sau cel puțin 8 ore. Servit rece.

Bucurați-vă!

Salata de legume si bacon

ingrediente

3 cani de broccoli tocat

3 cani de conopida tocata

3 cani de telina tocata

6 felii de bacon

1 1/2 cani de maioneza

ceasca de parmezan

1 pachet de mazăre congelată, decongelată

1 cană de afine uscate îndulcite

1 cană de arahide spaniole

2 linguri. ceapa rasa

1 lingura. otet de vin alb

1 lingurita. sare

¼ cană zahăr alb

Metodă

Gătiți pancetta într-o tigaie mare și adâncă până se rumenește bine. Pune-l pe farfurie și sfărâmă-l. Într-un castron mare, combinați broccoli, conopida, mazărea, merisoarele și țelina. Într-un alt vas amestecați brânza, maioneza, ceapa, zahărul, oțetul și sarea. Se toarnă amestecul peste legume. Se aruncă nucile, baconul și se rumenesc bine. Se serveste imediat sau rece.

Bucurați-vă!

Salată crocantă de castraveți

ingrediente

2 litri de castraveți mici, tăiați cu piele

2 cepe, feliate subțiri

1 cană de oțet

1 ¼ cană de zahăr

1 lingura. sare

Metodă

Se amestecă ceapa, castravetele și sarea într-un castron și se lasă la macerat timp de 3 ore. Luați o cratiță și adăugați oțetul și lăsați-l să se încălzească.

Adăugați zahărul și amestecați continuu până când zahărul s-a dizolvat.

Scoateți castravetele din amestecul înmuiat și scurgeți excesul de lichid.

Adăugați castravetele în amestecul de oțet și amestecați. Puneți amestecul în pungi de congelare sau recipiente de plastic. Îngheață-l. Decongelati si serviti rece.

Bucurați-vă!

Salată colorată de legume și brânză

ingrediente

1/3 cană ardei gras roșu sau verde, tăiat cubulețe

1 cană de țelină, tăiată cubulețe

1 pachet de mazăre congelată

3 muraturi dulci, tocate marunt

6 Salată verde

2/3 cană maioneză ¾ cană brânză cheddar, tăiată cubulețe

Piper, proaspăt măcinat

Sarat la gust

Metodă

Luați un castron mare. Se amestecă maioneza, piperul și sarea. Adăugați în amestec ardei roșu sau verde, murături, țelină și mazăre. Se amestecă bine toate ingredientele. Adăugați brânza la amestec. Se răcește timp de 1 oră. Așezați frunzele de salată verde pe farfuria de salată și puneți amestecul peste frunze.

Bucurați-vă!

Salată cremoasă de castraveți

ingrediente

9 cesti de castraveti, curatati de coaja si taiati felii subtiri

8 cepe verde, tocate mărunt

linguriţă. Sarea de ceapa

linguriţă. Sare de usturoi condimentată

½ cană de iaurt

½ cană maioneză cu conținut scăzut de grăsimi

linguriţă. Piper

2 picături de sos chili

¼ cană lapte evaporat

¼ cană oțet de cidru

ceasca de zahar

Metodă

Luați un castron mare. Puneti intr-un bol castravetele, ceapa verde, sarea de ceapa, sarea de usturoi si iaurtul si amestecati bine. Combinați maioneza, ardeiul, sosul de ardei, laptele, oțetul, zahărul și formați un amestec omogen. Întindeți dressingul peste amestecul de castraveți. Se amestecă bine, astfel încât toate legumele să fie acoperite cu dressing. Dati salata la frigider pentru 4 ore. Serviți-l rece.

Bucurați-vă!

Salata de bacon si broccoli

ingrediente

1 cap de broccoli, tăiat în bucăți mici

10 felii de Bacon

¼ cana ceapa rosie, tocata marunt

½ cană de stafide

3 linguri. otet de vin alb

1 cană de maioneză

1 cană de semințe de floarea soarelui

2 linguri. zahar alb

Metodă

Luați o tigaie mare. Gatiti pancetta pana devine uniform aurie. Se sfărâmă și se ține deoparte. Puneți broccoli, stafidele și ceapa într-un bol și amestecați amestecul. Luați un castron mic și amestecați maioneza, oțetul și zahărul. Transferați-l în amestecul de broccoli și amestecați. Dați la frigider două ore. Inainte de servire adauga baconul si semintele de floarea soarelui.

Bucurați-vă!

Salată de legume și pâine de porumb

ingrediente

1 cană pâine de porumb, mărunțită grosier

1 conserve de porumb întreg, scurs

½ cană ceapă, tocată

½ ceasca de castravete, tocat

½ cană de broccoli, tocat

½ cană de ardei verde și ardei roșu dulce, tocate mărunt

½ cană roșii cu semințe, tocate

½ cană boabe de piper

Dressing pentru salată ranch

Sare si piper dupa gust

Frunze de salata verde

Metodă

Luați un castron mare. Adăugați pâinea de porumb și legumele. Aruncă amestecul. Presărați sosul pentru salată peste amestec. Adăugați sare și piper după gust. Aruncă-l din nou. Acoperiți amestecul și puneți-l la frigider pentru cel puțin 4 ore. Se pune salata pe frunzele de salata verde si se serveste.

Bucurați-vă!

Salată de fasole și legume

ingrediente

2 conserve de porumb întreg, scurs

1 conserve de fasole neagră, clătită și scursă

8 cepe verde, tocate mărunt

2 ardei jalapeno, fără semințe și tocați mărunt

1 ardei verde, feliat subțire

1 avocado, decojit și tăiat cubulețe

1 borcan de ardei pi

3 roșii, feliate

1/2 cană sos italian pentru salată

1/2 linguriță. sare de usturoi condimentată

1 cană de coriandru tocat

1 lime, suc

Metodă

Amestecați fasolea neagră și porumbul într-un castron mare. Adăugați ceapa verde, ardeiul gras, ardeiul jalapeno, pimentos, avocado și roșiile și amestecați amestecul. Adăugați coriandru, sucul de lămâie și condimentele italiene peste amestec. Adăugați sarea de usturoi pentru condimentare. Aruncă-l bine. Serviți-l rece.

Bucurați-vă!

Salata de porumb si masline

ingrediente

1 pachet de porumb congelat

3 oua fierte

½ cană de maioneză

1/3 cană de măsline umplute cu ardei Pi

2 linguri. Arpagic, tocat

½ linguriță. Pudra de chili

linguriță. Chimen praf

1/8 linguriță. sare

Metodă

Combinați porumbul, ouăle feliate și măslinele într-un castron mare.

Amestecați maioneza și alte ingrediente pentru dressing într-un castron de mărime medie. Adăugați maioneza în amestecul de porumb. Se amestecă bine, astfel încât toate legumele și porumbul să fie acoperite cu maioneză.

Acoperiți vasul. Se da la frigider pentru 2 ore. Se serveste rece.

Bucurați-vă!

Salata de porumb

ingrediente

6 Porumb, decorticat, spălat și scurs

3 roșii mari

1 ceapă feliată subțire

cana de busuioc, tocat

2 linguri. oțet alb

ceasca de ulei de masline

Sare si piper dupa gust

Metodă

Se fierb semințele într-o oală cu apă clocotită, se scurg și se lasă deoparte să se răcească. Tăiați sâmburii de pe știulete. Luați un castron mare de salată. Se amestecă porumb, busuioc, ceapă, roșii, oțet, sare și piper și ulei. Aruncă-l bine. Servit rece.

Bucurați-vă!

Salată maghiară proaspătă

ingrediente

1 pachet de legume mixte congelate, decongelate

1 cană de conopidă

1/2 cană ceapă verde feliată

1/2 cană măsline umplute cu ardei gras tăiat felii

1/4 cană ulei de canola

3 linguri. oțet alb

1/4 lingurita. Piper

1 lingurita. sare de usturoi condimentată

Metodă

Combinați legumele congelate, conopida, ceapa și măslinele într-un castron mare. Amesteca uleiul, usturoiul, sarea, otetul si piperul in blender. Turnați sosul pentru salată peste amestecul de legume. Aruncă-l bine. Dati la frigider 2 ore inainte de servire. Serviți-l într-un castron frumos.

Bucurați-vă!

Amestecul perfect de roșii, castraveți și ceapă

ingrediente

2 castraveți mari, tăiați la jumătate și fără semințe

1/3 cană oțet de vin roșu

1 lingura. zahar alb

1 lingurita. sare

3 roșii mari tăiate bucăți

2/3 cana ceapa rosie tocata grosier

Metodă

Combinați toate ingredientele și puneți la frigider peste noapte. Se serveste rece.

Bucurați-vă!

Salată clasică de castraveți

ingrediente

2 castraveți mari, decojiți și tăiați felii

1 ceapă dulce mare, tăiată felii

2 lingurite sare

¼ cană morcov tocat

1/3 cana otet

1 lingurita. ghimbir de pamant

5 lingurite zahar alb

linguriţă. piper negru grosier

Metodă

Combinați toate ingredientele și lăsați castraveții la marinat la frigider peste noapte. Se serveste rece.

Bucurați-vă!

Salată de roșii cu stropi de cireșe

ingrediente

4 căni de roșii cherry tăiate în jumătate

¼ cană ulei vegetal

3 linguri. oțet de mere

1 lingurita. uscat

1 lingurita. busuioc uscat

1 lingurita. oregano uscat

½ linguriță. sare

1 lingurita. zahar alb

Metodă

Combinați toate ingredientele într-un bol și lăsați-le deoparte pentru ca roșiile să se înmoaie puțin. Se amestecă bine și se servește imediat.

Bucurați-vă!

Salata de sparanghel

ingrediente

1 1/2 kilograme de sparanghel, decojite și tăiate în bucăți de 2 inci

1 lingura. Otet de orez

1 lingurita. otet de vin rosu

1 lingurita. Sos de soia

1 lingurita. zahar alb

1 lingurita. mustar Dijon

2 linguri. Ulei de arahide

1 lingura. ulei de susan

1 lingura. seminte de susan

Metodă

Puneti otetul de orez, sosul de soia, otetul de vin rosu, zaharul si mustarul intr-un borcan acoperit si amestecati bine. Adăugați încet uleiul de arahide și uleiul de susan, amestecând constant până la omogenizare. Ține-o deoparte. Se fierbe sparanghelul în apă clocotită și se scurge. Pune sparanghelul într-un castron mare. Stropiți-le cu sos pentru salată. Se presara cu seminte de susan si se amesteca. Serviți imediat.

Bucurați-vă!

Salată de paste și fasole neagră

ingrediente

6 uncii de paste mici coajă fierte și scurse

1 conserve de mazăre cu ochi negri, clătită și scursă

1 cană de ceapă verde feliată

¾ cană de castraveți tăiați cubulețe și curățați de coajă

¾ cană roșii tăiate cubulețe

¾ cană de ardei verde tăiat cubulețe

1 ardei jalapeno mic, tocat fin

Pentru condimente:

3 linguri. Ulei de rapita

¼ pahar de oțet de vin roșu

1 lingurita. Busuioc uscat

1 lingurita. Sos chili

1 lingurita. Pudra de chili

1 lingurita. zahăr

½ linguriță. Sare aromata

Metodă

Combinați pastele, mazărea, ceapa verde, castraveții, roșiile, ardeiul verde și ardeiul jalapeno într-un castron. Se amestecă condimentele și se condimentează cu sare. Presărați dressingul peste amestecul de legume. Aruncă-l bine. Servit rece.

Bucurați-vă!

Salată de spanac și sfeclă roșie

ingrediente

1/2 lb. baby spanac, spălat și uscat

1 cana nuci, tocate grosier

2 1/2 linguri. zahar alb

1/3 sfeclă murată

¼ cană oțet de cidru

½ linguriță. Praf de usturoi

1 lingurita. Granule de bulion de pui

4 oz brânză de capră, zdrobită

½ linguriță. piper negru

½ linguriță. sare

¼ cană ulei vegetal

Metodă

Caramelizeaza nucile intr-o cratita, incalzindu-le impreuna cu putin zahar la foc iute. Procesați sfecla cu oțet de mere, praf de usturoi, granule de bulion, sare, zahăr rămas și piper într-un robot de bucătărie. Se toarnă uleiul și se amestecă din nou până la omogenizare. Combinați nucile și spanacul acoperit cu zahăr și turnați peste dressing. Se presară cu brânză și se servește imediat.

Bucurați-vă!

Salata de cartofi cu otet balsamic

ingrediente

10 cartofi rosii, fierti si taiati cubulete

1 ceapă feliată subțire

1 cutie Inimioare de anghinare in sferturi

½ cană de ardei gras roșii, prăjiți și apoi tăiați cubulețe

1 conserve Măsline negre

½ cană de oțet balsamic

1 lingurita. Oregano uscat

1 lingurita. Busuioc uscat

½ linguriță. Pudră de muștar

3 lingurite Ulei de masline

2 linguri. Patrunjel proaspat

Metodă

Combinați toate ingredientele într-un bol și amestecați bine, astfel încât toate ingredientele să fie acoperite cu oțet. Se da la frigider 2-4 ore. Se serveste rece.

Bucurați-vă!

Salata de rosii marinate

ingrediente

3 roșii

2 linguri. Ceapa maruntita

1 lingura. Busuioc proaspăt

1 lingura. Patrunjel proaspat

½ cățel de usturoi

1/3 cană ulei de măsline

1/4 cană oțet de vin roșu

1/4 lingurita. Piper

Sarat la gust

Metodă

Luați o farfurie mare și frumoasă și puneți roșiile pe ea. Luați un borcan acoperit și puneți în el oțetul, uleiul, busuiocul, pătrunjelul, usturoiul și ardeiul tocat și agitați puternic, pentru ca toate ingredientele să se îmbine bine. Se condimentează amestecul cu un praf de sare sau după gust. Se toarnă amestecul peste roșii. Acoperiți strâns și lăsați la frigider peste noapte sau pentru minim 4 ore. Servit rece.

Bucurați-vă!

Salată gustoasă de broccoli

ingrediente

1 1/2 lbs broccoli proaspăt, tăiat în buchețe

3 catei de usturoi

2 linguri. Suc de lămâie

2 linguri. Otet de orez

½ linguriță. mustar Dijon

Fulgi de ardei iute după gust

1/3 cană ulei de măsline

Sare si piper negru proaspat macinat dupa gust

Metodă

Adăugați puțină apă într-o tigaie și adăugați puțină sare. Se aduce la fierbere si se adauga buchetelele. Gatiti aproximativ 5 minute si scurgeti. Într-un castron mic, adăugați usturoiul, oțetul, sucul de lămâie, muștarul, uleiul și fulgii de ardei roșu și bateți-i energic. Asezonați cu sare și piper. Se toarnă peste broccoli și se amestecă bine. Păstrați-l la temperatura camerei timp de 10 minute și apoi la frigider timp de 1 oră. Serviți-l rece.

Bucurați-vă!

Salată italiană de porumb cu dressing italian

ingrediente

1 conserve de porumb întreg

1 cana rosii proaspete, tocate marunt

1 cană de castraveți, curățați și tocați

½ cană țelină tocată

½ cană ardei gras verde sau roșu dulce

2 cepe verzi

½ cană sos de salată italian

Metodă

Pune porumbul intr-un bol si adauga legumele una cate una. Aruncă-l bine.

Se toarnă sosul italian îmbuteliat pentru salată și se amestecă din nou.

Acoperiți și lăsați la frigider câteva ore. Se serveste rece.

Bucurați-vă!

Salata de sparanghel si ardei

ingrediente

1 ½ sparanghel proaspăt, îndepărtați capetele și tăiați-le în bucăți mici

2 ardei gras galbeni, fara samburi si feliati

¼ cană migdale feliate, prăjite

1 ceapa rosie

3 linguri. Muștar Dijon ¼ cană Ulei de măsline ½ cană parmezan 3 căței Usturoi tocați

2 lingurite Suc de lămâie 2 linguri zahăr 1 linguriță. sos iute Mix de sosuri de salată după gust

Metodă

Luați o foaie de copt și aranjați sparanghelul și ardeii într-un singur strat. Stropiți ulei de măsline peste legume. Setați 400 de grade F sau 200 de grade C și preîncălziți cuptorul. Puneți tigaia pe ea și prăjiți-o timp de 8-10 minute. Întoarceți legumele din când în când. Se răcește și se transferă legumele într-un castron mare. Adăugați brânza, ceapa, migdalele prăjite. Adăugați restul de ulei de măsline, pudră de muștar, zahăr, sos iute, suc de lămâie și sos pentru salată. Se presară peste verdeață și se amestecă. Serviți imediat.

Bucurați-vă!

Salată de roșii și busuioc

ingrediente

3 căni de orez fiert

1 castravete, fără sămânță și tăiat cubulețe

1 ceapa rosie

2 rosii

2 linguri. Ulei de masline

2 linguri. oțet de mere

1 lingurita. Busuioc proaspăt

linguriță. Piper

½ linguriță. sare

Metodă

Luați un castron mare și puneți orezul, castraveții, ceapa, roșiile și amestecați-le. Într-un borcan acoperit, combinați uleiul de măsline, oțetul de mere, busuiocul și amestecați energic. Se adauga sare si piper dupa gust. Presărați amestecul de orez și amestecați bine. Dati la frigider cateva ore inainte de servire.

Bucurați-vă!

Salată de grădină colorată

ingrediente

5 linguri. otet de vin rosu

3 linguri. Ulei din seminţe de struguri

1/3 cana coriandru proaspat tocat

2 lime

1 lingurita. Zahar alb2 catei Usturoi tocat

1 pachet de boabe de soia verde decojite congelate

1 cutie de fasole neagra

3 căni de boabe de porumb congelate

1 litru de roşii cherry împărţite în sferturi

4 cepe verde taiate felii subtiri

linguriţă. sare

Metodă

Bateți oțetul, uleiul, sucul de lămâie, coriandru, usturoiul, zahărul și sarea într-un borcan acoperit sau un castron mare pentru a forma un amestec omogen. Ține-o deoparte. Fierbeți boabele de soia până sunt foarte fragede. Gatiti porumbul timp de 1 minut. Scurgeți boabele de soia și porumbul din apă și transferați-le într-un castron mare. Adăugați condimentele. Aruncă-l ușor. Adăugați roșiile, ceapa la amestec și amestecați. Acoperiți amestecul. Dați la frigider 2 până la 4 ore. Se serveste rece.

Bucurați-vă!

Salată de ciuperci

ingrediente

1 kilogram de ciuperci proaspete

1 ceapă, tăiată mărunt și despărțită în rondele

Ardei roșu dulce tăiat cubulețe, o mână

2/3 cană oțet de tarhon

½ cană ulei de canola

1 lingura. zahăr

1 catel de usturoi tocat

Un strop de sos chili

1 1/2 linguriță. sare

2 linguri. cascadă

Metodă

Adăugați toate legumele și celelalte ingrediente într-un castron mare, cu excepția ardeiului roșu, ciupercilor și a cepei. Amesteca-le bine. Adăugați ciupercile și ceapa în amestec și amestecați ușor până când toate ingredientele sunt bine amestecate. Acoperiți vasul și dați la frigider peste noapte sau 8 ore. Presărați ardei roșu peste salată înainte de servire.

Bucurați-vă!

Salata de quinoa, menta si rosii

ingrediente

1 ¼ cana quinoa1/3 cana stafide2 rosii 1 ceapa tocata marunt

10 ridichi ½ castravete, 1/2, tăiate cubulețe

2 linguri. Fulgi de migdale ușor prăjiți

ceasca de menta proaspata tocata

2 linguri. Pătrunjel proaspăt tocat mărunt

1 lingurita. Cana de chimion macinat Suc de lime 2 linguri. Ulei de susan2 ½ cani de apa Sare dupa gust

Metodă

Luați o cratiță și adăugați apa și un praf de sare. Se aduce la fierbere si se adauga quinoa si stafidele. Acoperiți și fierbeți timp de 12-15 minute. Se ia de pe foc si se lasa sa se raceasca. Scurgeți quinoa și transferați-o într-un castron. Într-un castron de mărime medie, combinați ceapa, ridichile, castraveții, migdalele și roșiile. Aruncă-l ușor. Combinați quinoa. Se condimentează cu condimente, ulei și ierburi aromatice. Adăugați sare după gust. Se da la frigider pentru 2 ore. Se serveste rece.

Bucurați-vă!

Reteta de salata de varza murata

ingrediente

1 conserve Varza murata spalata si scursa bine

1 cană de morcovi rasi

1 cană de ardei verde tocat mărunt

1 borcan Pimientos tăiat cubulețe și scurs

1 cana telina tocata marunt

1 cana ceapa tocata marunt

ceasca de zahar

½ cană ulei de canola

Metodă

Combinați toate ingredientele într-un bol mare și amestecați bine. Acoperiți vasul cu un capac și lăsați-l la frigider peste noapte sau până la 8 ore. Se serveste rece.

Bucurați-vă!

Salată rapidă de castraveți

ingrediente

4 roșii, tăiate în 8 felii

2 castraveți mari decojiți bine și tăiați felii subțiri

¼ cană coriandru proaspăt tocat

1 ceapa rosie mare, taiata marunt

1 lime proaspătă, stors

Sarat la gust

Metodă

Puneți castraveții tăiați felii, roșiile, ceapa roșie și coriandru într-un castron mare și amestecați bine. Adăugați sucul de lămâie la amestec și amestecați ușor, astfel încât toate legumele să fie acoperite cu sucul de lămâie. Se condimentează amestecul cu sare. Se serveste imediat sau se poate servi dupa refrigerare.

Bucurați-vă!

Felii de roșii cu sos cremos

ingrediente

1 cană de maioneză

½ cană Jumătate și jumătate de smântână

6 roșii, feliate

1 ceapa rosie taiata in rondele subtiri

linguriță. Busuioc uscat

Câteva frunze de salată

Metodă

Combinați maioneza și jumătate de smântână și jumătate și bateți bine. Adăugați jumătate din busuioc. Acoperiți amestecul și puneți-l la frigider. Luați o farfurie și tapetați-o cu frunze de salată. Aranjați feliile de roșii și rondelele de ceapă. Stropiți sosul rece peste salată. Se presară apoi restul de busuioc. Serviți imediat.

Bucurați-vă!

Farfurie cu salata de sfecla

ingrediente

4 ciorchini de sfecla proaspata, tulpinile indepartate

2 capete de andive belgiane

2 linguri. Ulei de masline

1 lb amestec de salată verde

1 lingura. Suc de lămâie

2 linguri. otet de vin alb

1 lingura. Miere

2 linguri. mustar Dijon

1 lingurita. Cimbru uscat

½ cană de ulei vegetal

1 cană de brânză feta măruntită

Sare si piper dupa gust

Metodă

Ungeți ușor sfecla cu ulei vegetal. Se coace aproximativ 45 de minute la cuptorul preincalzit, la 450 grade F sau 230 grade C. Se curata sfecla rosie si se taie cubulete. Combinați sucul de lămâie, muștarul, mierea, oțetul și cimbru într-un blender și amestecați. Adăugați treptat uleiul de măsline în timp ce blenderul funcționează. Se adauga sare si piper dupa gust. Într-un castron de salată, puneți salata verde, o cantitate suficientă de dressing și amestecați bine. Aranjați andivea pe o farfurie. Stivuiți salata verde. Se ornează cu cuburi de sfeclă roșie și brânză feta.

Bucurați-vă!

Salata de pui si spanac

ingrediente

5 căni de pui fiert și tăiat cuburi

2 căni de struguri verzi, tăiați la jumătate

1 cană de mazăre roșie

2 căni de spanac mărunțit ambalate

2 1/2 căni de țelină feliată subțire

7 0z. Macaroane gătite în spirală sau cot

1 borcan Inimioare de anghinare marinate

½ castravete

3 cepe verde feliate cu blaturi

Frunze mari de spanac, optional

Felii de portocala, optional

Pentru condimente:

½ cană ulei de canola

ceasca de zahar

2 linguri. otet de vin alb

1 lingurita. sare

½ linguriță. Ceapa macinata uscata

1 lingurita. Suc de lămâie

2 linguri. Pătrunjel proaspăt tocat

Metodă

Combinați puiul, mazărea, spanacul, strugurii, țelina, inima de anghinare, castraveții, ceapa primăvară și pastele fierte într-un castron mare și amestecați. Se acopera si se da la frigider pentru cateva ore. Se amestecă celelalte ingrediente rămase într-un castron separat și se pune la frigider într-un recipient acoperit. Pregătiți dressing-ul chiar înainte de a servi salata combinând toate ingredientele și amestecând bine. Amestecați componentele și amestecați bine și serviți imediat.

Bucurați-vă!

Salată germană de castraveți

ingrediente

2 castraveți germani mari, tăiați subțiri

½ ceapă feliată

1 lingurita. sare

½ cană smântână

2 linguri. zahar alb

2 linguri. oțet alb

1 lingurita. Mărar uscat

1 lingurita. patrunjel uscat

1 lingurita. Metoda boia

Aranjați castraveții și rondelele de ceapă pe o farfurie. Se condimentează legumele cu sare și se lasă deoparte cel puțin 30 de minute. Stoarceți excesul de suc de la castraveți după marinare. Amesteca intr-un bol smantana, otetul, mararul, patrunjelul si zaharul cu otetul, mararul si patrunjelul. Ungeți feliile de castraveți și ceapă în acest dressing. Se da la frigider peste noapte sau cel putin 8 ore. Chiar înainte de servire, presară boia de ardei peste salată.

Bucurați-vă!

Salată colorată de citrice cu sos unic

ingrediente

1 conserve de mandarine¼ cană pătrunjel proaspăt tocat mărunt

Frunze de salata verde, optional

½ grapefruit decojit și disecat

½ castravete mic

1 roșie feliată mică

½ ceapă roșie mică

½ linguriță. zahar brun

3 linguri. Sos de salată francez sau italian

1 lingurita. Suc de lămâie

1 praf de tarhon uscat

1 lingurita. Busuioc uscat

linguriță. Piper

Metodă

Pune portocalele într-un castron mic după ce ai scurs sucul și le ține deoparte. Rezervă sucul. Luați un castron mic și adăugați pătrunjelul, busuiocul, tarhonul, sosul pentru salată, sucul de lămâie, sucul de portocale, zahărul brun și piperul. Bateți amestecul până la omogenizare. Pune frunzele de salata verde pe o farfurie. Aranjați fructele unul câte unul. Turnați dressingul peste fructe și serviți.

Bucurați-vă!

Salată de cartofi, morcovi și sfeclă roșie

ingrediente

2 sfeclă, fiartă și tăiată felii

4 cartofi mici, fierți și tăiați cubulețe

2 morcovi mici, fierti si feliati

3 cepe verde, tocate

3 muraturi mici de marar, taiate cubulete

¼ cană ulei vegetal

2 linguri. oțet de șampanie

Sarat la gust

Metodă

Combinați toate ingredientele și amestecați bine pentru a amesteca aromele. Se da la frigider pentru cateva ore si se serveste foarte rece.

Bucurați-vă!

Salată de spanac și mure

ingrediente

3 căni de baby spanac, spălate și scurse de apă

1 litru de mure proaspete

1 litru de roșii cherry

1 ceapă verde feliată

¼ cana nuci tocate marunt

6 uncii de brânză feta mărunțită

½ cană de flori comestibile

Dressing de bacon sau oțet balsamic la alegere

Metodă

Amesteca spanacul, murele, rosiile cherry, ceapa primavara, nucile amestecand-le. Adăugați brânza și amestecați din nou. Această salată are un gust bun; cu sau fără sos de salată. Dacă doriți să adăugați un dressing, folosiți sosul de bacon sau o mulțime de oțet balsamic la alegere. Inainte de servire, garnisiti cu flori comestibile la alegere.

Bucurați-vă!

Salată de legume cu brânză elvețiană

ingrediente

1 cană ceapă verde, feliată

1 cană de țelină, feliată

1 cană de ardei verde

1 cană de măsline umplute cu ardei

6 căni de salată verde mărunțită

1/3 cană ulei vegetal

2 căni de brânză elvețiană rasă

2 linguri. otet de vin rosu

1 lingura. mustar Dijon

Sare si piper dupa gust

Metodă

Combinați măslinele, ceapa, țelina și ardeiul verde într-un castron de salată și amestecați bine. Se amestecă uleiul, muștarul, oțetul într-un castron mic. Asezonați dressingul cu sare și piper. Presărați dressingul peste legume. Dați la frigider peste noapte sau câteva ore. Înainte de servire, tapetați farfuria cu frunze de salată. Amesteca branza cu legumele. Pune salata pe salata verde. Se completează cu brânză rasă. Serviți imediat.

Bucurați-vă!

Salată gustoasă de morcovi

ingrediente

2 lbs Morcovi, curățați și tăiați în felii subțiri diagonale

½ cană de migdale fulgi

1/3 cană afine uscate

2 căni de ruchetă

2 catei de usturoi tocati

1 pachet brânză albastră daneză măruntită

1 lingura. oțet de mere

¼ cană ulei de măsline extravirgin

1 lingurita. Miere

1-2 vârfuri de piper negru proaspăt măcinat

Sarat la gust

Metodă

Combinați morcovii, usturoiul și migdalele într-un castron. Se adauga putin ulei de masline si se amesteca bine. Se adauga sare si piper dupa gust. Transferați amestecul pe o foaie de copt și coaceți în cuptorul preîncălzit timp de 30 de minute la 400 de grade F sau 200 de grade C. Scoateți din cuptor când marginea devine maro și lăsați-le să se răcească. Transferați amestecul de morcovi într-un bol. Adaugati mierea, otetul, merisoarele si branza si amestecati bine. Se amestecă rucheta și se servește imediat.

Bucurați-vă!

Salata de legume marinate

ingrediente

1 conserve de mazăre mică, scursă

1 cutie de fasole verde frantuzeasca, scursa

1 cutie Porumb alb sau cleme de pantofi, scurse

1 ceapă medie, feliată subțire

¾ cană țelină tocată mărunt

2 linguri. Pimentos tocate

½ pahar de oțet de vin alb

½ cană de ulei vegetal

ceasca de zahar

½ linguriță. Piper ½ linguriță. sare

Metodă

Luați un castron mare și combinați mazărea, porumbul și fasolea. Adăugați țelina, ceapa și ardeiul roșu și amestecați bine amestecul. Luați o cratiță. Puneți toate celelalte ingrediente și fierbeți. Se amestecă continuu până când zahărul s-a dizolvat. Turnați sosul peste amestecul de legume. Acoperiți vasul cu un capac și dați la frigider peste noapte. Îl poți păstra câteva zile la frigider. Se serveste rece.

Bucurați-vă!

Salata de porumb colorat prajit

ingrediente

8 Porumb proaspăt în coji1 Ardei roşu, tăiat cubuleţe

1 ardei verde, taiat cubulete

1 ceapa rosie, tocata

1 cană coriandru proaspăt tocat

½ cană de ulei de măsline

4 catei de usturoi, macinati si apoi tocati

3 lime

1 lingurita. zahar alb

Sare si piper dupa gust

1 lingura. sos picant

Metodă

Luați o oală mare și puneți porumbul în ea. Se toarnă apă și se înmoaie porumbul timp de 15 minute. Scoateți mătăsurile din cojile de porumb și puneți deoparte. Luați un grătar și preîncălziți-l la temperatură ridicată. Așezați porumbul pe grătar și gătiți timp de 20 de minute. Întoarce-le din când în când. Se lasa sa se raceasca si se arunca cojile. Luați un blender și turnați uleiul de măsline, sucul de lămâie, sosul iute și amestecați. Adăugați coriandru, usturoi, zahăr, sare și piper. Amestecați pentru a forma un amestec omogen. Presărați porumbul. Serviți imediat.

Bucurați-vă!

Castravete cremos

ingrediente

3 castraveti, curatati de coaja si taiati felii subtiri

1 ceapă, feliată

2 căni de apă

¾ cană smântână grea pentru frișcă

¼ cană oțet de cidru

Pătrunjel proaspăt tocat, opțional

ceasca de zahar

½ linguriță. sare

Metodă

Adaugati apa si sare castravetele si ceapa, lasati la macerat cel putin 1 ora. Scurgeți excesul de apă. Se amestecă smântâna și oțetul într-un castron până se omogenizează. Adăugați castraveții murați și ceapa. Se amestecă bine pentru a acoperi uniform. Dam la frigider pentru cateva ore. Inainte de servire se presara patrunjel.

Bucurați-vă!

Salată de ciuperci marinate și roșii

ingrediente

12 oz roșii cherry, tăiate la jumătate

1 pachet ciuperci proaspete

2 cepe verde taiate felii

ceasca de otet balsamic

1/3 cană ulei vegetal

1 1/2 linguriță. zahar alb

½ linguriță. Piper negru

½ linguriță. sare

½ cană busuioc proaspăt tocat

Metodă

Într-un castron, amestecați oțetul balsamic, uleiul, piperul, sarea și zahărul până se omogenizează. Luați un alt castron mare și amestecați împreună roșiile, ceapa, ciupercile și busuiocul. Aruncă bine. Adăugați dressingul și acoperiți uniform legumele. Se acoperă vasul și se dă la frigider 3-5 ore. Se serveste rece.

Bucurați-vă!

Salata de fasole

ingrediente

1 conserva de fasole pinto, spalata si scursa

1 cutie de năut sau fasole garbanzo, spălate și scurse

1 conserve de fasole verde

1 conserve Fasole de ceară, scursă

¼ cană piper verde julienne

8 cepe verde, feliate

½ cană oțet de cidru

cana de ulei de canola

ceasca de zahar

½ linguriță. sare

Metodă

Combinați fasolea într-un castron mare. Adăugați ardeiul verde și ceapa la fasole. Într-un borcan acoperit, amestecați oțetul de cidru, zahărul, uleiul și sarea pentru a forma un sos omogen. Lăsați zahărul să se dizolve complet în dressing. Se toarnă peste amestecul de fasole și se amestecă bine. Se acopera amestecul si se da la frigider peste noapte.

Bucurați-vă!

Salata de sfecla rosie cu usturoi

ingrediente

6 sfeclă, fiartă, curățată și tăiată felii

3 linguri. Ulei de masline

2 linguri. otet de vin rosu

2 catei de usturoi

Sarat la gust

Felii de ceapă verde, câteva pentru ornat

Metodă

Combinați toate ingredientele într-un bol și amestecați bine. Serviți imediat.

Bucurați-vă!

Porumb marinat

ingrediente

1 cană de porumb congelat

2 cepe verde, feliate subțiri

1 lingura. Ardei verde tocat

1 frunza de salata verde, optional

¼ cană de maioneză

2 linguri. Suc de lămâie

linguriţă. Muştar măcinat

linguriţă. zahăr

1-2 vârfuri de piper proaspăt măcinat

Metodă

Amestecați maioneza cu sucul de lămâie, pudra de muștar și zahărul într-un castron mare. Se bate bine până se omogenizează. Adăugați porumb, ardei verde, ceapă la maioneză. Se condimentează amestecul cu sare și piper. Acoperiți și lăsați la frigider peste noapte sau cel puțin 4-5 ore. Inainte de servire tapetam farfuria cu salata verde si asezam salata deasupra.

Bucurați-vă!

Salată de mazăre

ingrediente

8 felii Bacon

1 pachet de mazare congelata, dezghetata si scursa

½ cană țelină tocată

½ cană ceapă verde tocată

2/3 cană smântână

1 cană de caju tocate

Sare si piper dupa gust

Metodă

Puneți baconul într-o tigaie mare și gătiți la foc mediu spre mediu-mare până când ambele părți se rumenesc. Scurgeți uleiul în plus cu un prosop de hârtie și sfărâmă baconul. Ține-o deoparte. Amesteca telina, mazarea, salota si smantana intr-un castron de marime medie. Se amestecă bine cu o mână blândă. Adăugați caju și baconul în salată chiar înainte de servire. Serviți imediat.

Bucurați-vă!

Salata de napi

ingrediente

¼ cană ardei roşu dulce, tocat

4 căni de napi decojiți mărunțiți

¼ cană ceapă verde

¼ cană de maioneză

1 lingura. Oţet

2 linguri. zahăr

linguriţă. Piper

linguriţă. sare

Metodă

la un castron. Se amestecă chili, ceapa și se amestecă. Luați un alt castron pentru a pregăti dressingul. Se amestecă maioneza, oțetul, zahărul, sare și piper și se amestecă bine. Se toarnă amestecul peste legume și se amestecă bine. Luați napii într-un bol, adăugați acest amestec la napi și amestecați bine. Dați legumele la frigider peste noapte sau câteva ore. Mai multă marinată va încorpora mai multă aromă. Se serveste rece.

Bucurați-vă!

Salată cu mere avocado

ingrediente

1 pachet de verdeață pentru copii

¼ cana ceapa rosie, tocata

½ ceasca de nuci tocate

1/3 cană de brânză albastră mărunțită

2 lingurite Coaja de lamaie

1 măr, decojit, fără miez și feliat

1 avocado, decojit, fără sâmburi și tăiat cubulețe

4 mandarine, stoarse

½ lămâie, storsă

1 catel de usturoi tocat

2 linguri. Ulei de măsline Sare după gust

Metodă

Amestecă într-un castron verdeața, nucile, ceapa roșie, brânza albastră și coaja de lămâie. Amesteca bine amestecul. Amestecați viguros sucul de mandarine, coaja de lămâie, sucul de lămâie, usturoiul tocat, uleiul de măsline. Se condimentează amestecul cu sare. Se toarnă peste salată și se amestecă. Adăugați mărul și avocado în bol și amestecați chiar înainte de a servi salata.

Bucurați-vă!

Salată de porumb, fasole și ceapă

ingrediente

1 conserve de porumb întreg, spălat și scurs

1 conserva de mazare, spalata si scursa

1 cutie de fasole verde, scursa

1 borcan Pimientos, scurs

1 cana telina tocata marunt

1 ceapa, tocata marunt

1 ardei verde, tocat marunt

1 cană de zahăr

½ cană oțet de cidru

½ cană ulei de canola

1 lingurita. sare

½ linguriță. Piper

Metodă

Luați un castron mare de salată și combinați ceapa, ardeiul verde și țelina. Ține-o deoparte. Luați o cratiță și turnați oțetul, uleiul, zahărul, sare și piper și aduceți la fiert. Se ia de pe foc si se lasa amestecul sa se raceasca. Se presara peste verdeata si se amesteca bine pentru a imbraca verdeata uniform. Dați la frigider câteva ore sau peste noapte. Servit rece.

Bucurați-vă!

Salată vegetariană italiană

ingrediente

1 cutie Inimioare de anghinare, scurse si taiate in patru

5 cani de salata romana, clatita, uscata si tocata

1 ardei roșu, tăiat fâșii

1 morcov 1 ceapă roșie feliată subțire

ceasca de masline negre

ceasca de masline verzi

½ castravete

2 linguri. Branza romana rasa

1 lingurita. Cimbru proaspăt tocat

½ cană ulei de canola

1/3 cană oțet de tarhon

1 lingura. zahar alb

½ linguriță. Pudră de muștar

2 catei de usturoi tocati

Metodă

Luați un recipient mediu cu un capac etanș. Se toarnă uleiul de rapiță, oțetul, muștarul uscat, zahărul, cimbru și usturoiul. Acoperiți recipientul și bateți puternic pentru a forma un amestec omogen. Transferați amestecul într-un bol și puneți în el inimioarele de anghinare. Se pune la frigider si se lasa la marinat peste noapte. Luați un castron mare și combinați salata verde, morcovul, ardeiul gras roșu, ceapa roșie, măslinele, castraveții și brânza. Agitați ușor. Adăugați sare și piper pentru a asezona. Se amestecă cu anghinarea. Se lasă la marinat timp de patru ore. Se serveste rece.

Bucurați-vă!

Salată de paste cu fructe de mare

ingrediente

1 pachet de paste tricolore

3 tulpini de telina

1 lb. imitație de carne de crab

1 cană de mazăre congelată

1 cană de maioneză

½ linguriță. zahar alb

2 linguri. oțet alb

3 linguri. lapte

1 lingurita. sare

linguriță. Piper negru

Metodă

Fierbeți o oală cu multă apă cu sare, adăugați pastele și fierbeți timp de 10 minute. Cand pastele fierb adaugam mazarea si carnea de crab. Într-un castron mare amestecați celelalte ingrediente menționate și lăsați deoparte ceva timp. Combinați mazărea, carnea de crab și pastele. Serviți imediat.

Bucurați-vă!

Salata de legume la gratar

ingrediente

1 kilogram de sparanghel proaspăt tăiat

2 dovlecei, tăiați în jumătate pe lungime și tăiați la sfârșit

2 dovlecei galbeni

1 ceapa rosie mare taiata felii

2 ardei grasi rosii, taiati in jumatate si fara samburi.

½ cană de ulei de măsline extravirgin

pahar cu oțet de vin roșu

1 lingura. mustar Dijon

1 catel de usturoi tocat

Sare si piper negru macinat dupa gust

Metodă

Încălziți și grătar legumele timp de 15 minute, apoi scoateți legumele de pe grătar și tăiați-le în bucăți mici. Adăugați celelalte ingrediente și amestecați salata astfel încât toate condimentele să fie bine amestecate. Serviți imediat.

Bucurați-vă!

Salată delicioasă de porumb de vară

ingrediente

6 spice de porumb decojite și curățate complet

3 roșii mari tăiate bucăți

1 ceapa mare tocata

¼ cană busuioc proaspăt tocat

ceasca de ulei de masline

2 linguri. oțet alb

Sare si piper

Metodă

Luați o cratiță mare, puneți apă și sare și aduceți la fiert. Gătiți porumbul în acea apă clocotită, apoi adăugați toate ingredientele enumerate. Amesteca bine amestecul si pune la frigider. Se serveste rece.

Bucurați-vă!!

Salată crocantă de mazăre cu caramel

ingrediente

8 felii de bacon

1 pachet de mazăre uscată congelată

½ cană țelină tocată

½ cană ceapă verde tocată

2/3 cană smântână

1 cană de caju tocate

Sare si piper dupa gusturile tale

Metodă

Gatiti baconul intr-o tigaie la foc mediu pana se rumeneste. Amestecați celelalte ingrediente într-un bol, cu excepția caju-ului. La final adaugam peste amestec baconul si caju. Se amestecă bine și se servește imediat.

Bucurați-vă!

Salată magică de fasole neagră

ingrediente

1 conserve de fasole neagră, clătită și scursă

2 conserve de porumb uscat

8 cepe verde tocate

2 ardei jalapeno fără semințe și tocați

1 ardei verde tocat

1 avocado decojit, fără sâmburi și tăiat cubulețe.

1 borcan de ardei pi

3 roșii fără sâmburi și tăiate în bucăți

1 cană coriandru proaspăt tocat

1 lime stors

½ cană sos de salată italian

½ linguriță. sare de usturoi condimentată

Metodă

Luați un castron mare și puneți toate ingredientele în el. Se amestecă bine, astfel încât să se amestece bine. Serviți imediat.

Bucurați-vă!

Salata greceasca foarte buna

ingrediente

3 roșii mari coapte tăiate bucăți

2 castraveți decojiți și tăiați

1 ceapa rosie mica tocata

ceasca de ulei de masline

4 lingurite suc de lămâie

½ linguriță. oregano uscat

Sare si piper dupa gust

1 cană de brânză feta mărunțită

6 măsline negre grecești, fără sâmburi și feliate

Metodă

Luați un bol de mărime medie și amestecați foarte bine roșiile, castraveții și ceapa și lăsați amestecul timp de cinci minute. Stropiți amestecul cu ulei, zeamă de lămâie, oregano, sare, piper, feta și măsline. Scoateți din cuptor și serviți imediat.

Bucurați-vă!!

Uimitoare salată thailandeză de castraveți

ingrediente

3 castraveți mari decojiți care trebuie tăiați în felii de ¼ inch și semințele trebuie îndepărtate

1 lingura. sare

½ cană zahăr alb

½ cană de oțet de vin de orez

2 ardei jalapeno tocati

¼ cană coriandru tocat

½ cană alune măcinate

Metodă

Combinați toate ingredientele într-un bol mare și amestecați bine. Se asezoneaza dupa gust si se serveste rece.

Bucurați-vă!

Salată cu busuioc de roșii bogată în proteine

ingrediente

4 roșii mari, coapte, feliate

1 lb. brânză mozzarella proaspătă feliată

1/3 cană busuioc proaspăt

3 linguri. ulei de măsline extra virgin

Sare de mare fină

Piper negru proaspăt măcinat

Metodă

Pe o farfurie, alterneaza si suprapune feliile de rosii si mozzarella. La final stropiți cu un strop de ulei de măsline, sare de mare fină și piper. Se serveste racit, asezonat cu frunze de busuioc.

Bucurați-vă!

Salată rapidă de avocado și castraveți

ingrediente

2 castraveți medii tăiați cubulețe

2 cuburi de avocado

4 linguri. coriandru proaspăt tocat

1 catel de usturoi tocat

2 linguri. ceapa verde tocata

linguriță. sare

piper negru

lămâie mare

1 tei

Metodă

Luați castraveții, avocado și coriandru și amestecați-le bine. La final se adauga piper, lamaie, lime, ceapa si usturoi. Aruncă-l bine. Serviți imediat.

Bucurați-vă!

Salata de orz cu rosii si feta

ingrediente

1 cană de paste crude orzo

ceașcă de măsline verzi fără sâmburi

1 cană feta tăiată cubulețe

3 linguri. Presley proaspăt tocat

1 rosie copta tocata

ceasca de ulei de masline virgin

ceașcă de suc de lămâie

Sare si piper

Metodă

Gatiti orzul conform instructiunilor producatorului. Luați un bol și amestecați foarte bine orzul, măslinele, pătrunjelul, mararul și roșia. La final sare si piper si adauga feta deasupra. Serviți imediat.

Bucurați-vă!

Salată englezească de castraveți și roșii

ingrediente

8 roșii romane sau roșii curmale

1 castravete englezesc, curatat si taiat cubulete

1 cana Jicama, curatata si tocata marunt

1 ardei galben mic

½ cană ceapă roșie, tăiată cubulețe

3 linguri. Suc de lămâie

3 linguri. ulei de măsline extra virgin

1 lingura. patrunjel uscat

1-2 praf de piper

Metodă

Combinați roșiile, ardeiul gras, castraveții, jicama și ceapa roșie într-un castron. Aruncă bine. Turnați uleiul de măsline, zeama de lămâie și acoperiți amestecul. Se presara patrunjel si se amesteca. Se condimentează cu sare și piper. Se serveste imediat sau rece.

Bucurați-vă!

Salata de vinete a bunicii

ingrediente

1 vinete

4 roșii, tăiate cubulețe

3 oua, fierte tari, taiate cubulete

1 ceapa, tocata marunt

½ cană sos de salată franceză

½ linguriță. Piper

Sare, pentru condimentare, optional

Metodă

Spălați vinetele și tăiați-le în jumătate pe lungime. Luați o foaie de copt și ungeți-o cu ulei de măsline. Aranjați vinetele cu partea tăiată în jos în tava de copt unsă. Coaceți 30-40 de minute la 350 de grade F. Scoateți și lăsați să se răcească. Curata vinetele de coaja. Tăiați-le în cuburi mici. Luați un castron mare și transferați vinetele în el. Adăugați ceapa, roșiile, oul, condimentele, piperul și sarea. Aruncă bine. Congelați cel puțin 1 oră la frigider și serviți.

Bucurați-vă!

Salata de morcovi, bacon si broccoli

ingrediente

2 capete broccoli proaspat, tocat

½ kilogram de bacon

1 legatura de ceapa verde, tocata

½ cana morcovi tocati

½ cană stafide, opțional

1 cană de maioneză

½ cană oțet alb distilat

1-2 praf de piper

Sarat la gust

Metodă

Gatiti baconul intr-o tigaie mare si adanca la foc mediu-mare pana se rumeneste. Se scurge si se sfarama. Combinați broccoli, ceapa verde, morcovii și baconul într-un castron mare. Adăugați sare și piper. Distribuie corect. Luați un recipient sau castron mic și puneți maioneza și oțetul și bateți. Transferați dressingul în amestecul de legume. Se condimentează legumele cu o mână delicată. Se da la frigider cel putin 1 ora si se serveste.

Bucurați-vă!

Salata de castraveti si rosii cu smantana

ingrediente

3-4 castraveți, decojiți și tăiați felii

2 frunze de salata verde, pentru decor, optional

5-7 felii de rosii,

1 ceapă, tăiată în rondele subțiri

1 lingura. Arpagic tocat

½ cană smântână

2 linguri. oțet alb

½ linguriță. Seminte de marar

linguriță. Piper

Un praf de zahar

1 lingurita. sare

Metodă

Puneți feliile de castraveți într-un bol și stropiți cu sare. Se marina timp de 3-4 ore la frigider. Scoateți castravetele și spălați-l. Scurgeți tot lichidul și transferați-l într-un castron mare de salată. Se adauga ceapa si se tine deoparte. Luați un castron mic și combinați oțetul, smântâna, arpagicul, semințele de mărar, piperul și zahărul. Bateți amestecul și turnați-l peste amestecul de castraveți. Agitați ușor. Aranjați bine vasul cu salată verde și roșii. Serviți imediat.

Bucurați-vă!

Salata Tortellini de rosii

ingrediente

1 kilogram de paste tortellini

3 roșii decojite tăiate în jumătate

3 uncii salam tare, tăiat cubulețe

2/3 cană țelină feliată

¼ cană măsline negre feliate

½ cană ardei gras roșu

1 lingura. Ceapa rosie, taiata cubulete

1 lingura. Pasta de tomate

1 catel de usturoi tocat

3 linguri. otet de vin rosu

3 linguri. Oțet balsamic

2 lingurite mustar Dijon

1 lingurita. Miere

1/3 cană ulei de măsline

1/3 cană ulei vegetal

¾ ceasca de provola rasa

¼ cană pătrunjel proaspăt tocat

1 lingurita. Rozmarin proaspăt tocat

1 lingura. Suc de lămâie

Piper si sare dupa gust

Metodă

Gatiti pastele conform instructiunilor de pe ambalaj. Se toarnă apă rece și se scurge. Ține-o deoparte. Folosind un broiler, gătiți roșiile până când coaja este parțial înnegrită. Acum procesați roșia în blender. Adăugați piureul de roșii, oțetul, usturoiul, mierea și muștarul și amestecați din nou. Adăugați treptat uleiul de măsline și uleiul vegetal și amestecați până la omogenizare. Adăugați sare și piper. Combinați pastele cu toate legumele, ierburile, salamul și sucul de lămâie într-un castron. Se toarnă dressingul și se amestecă bine. Servi.

Bucurați-vă!

Broccoli si bacon in sos de maioneza

ingrediente

1 buchet Broccoli, taiat buchetele

½ ceapa rosie mica, tocata marunt

1 cană de mozzarella rasă

8 fasii de bacon, fierte si maruntite

½ cană de maioneză

1 lingura. otet de vin alb

ceasca de zahar

Metodă

Puneți broccoli, baconul fiert, ceapa și brânza într-un castron mare de salată. Se amestecă cu o mână blândă. Acoperiți și lăsați deoparte. Amestecați maioneza, oțetul și zahărul într-un recipient mic. Bateți continuu până când zahărul se dizolvă și formează un amestec omogen. Turnați dressingul peste amestecul de broccoli și acoperiți uniform. Serviți imediat.

Bucurați-vă!

Salata de pui cu crema de castraveti

ingrediente

2 conserve Nuggets de pui, scurse de zeama

1 cană de struguri verzi fără semințe, tăiați la jumătate

½ cană nuci pecan tocate sau migdale

½ cană țelină tocată

1 cutie de mandarine, scursa

¾ cană sos cremos de salată de castraveți

Metodă

Luați un castron mare și adânc de salată. Transferați puiul, țelina, strugurii, portocalele și nucile pecan sau migdalele la alegere. Agitați ușor. Adăugați sos de salată de castraveți. Ungeți uniform amestecul de pui și legume cu dressingul cremos. Serviți imediat.

Bucurați-vă!

Legume cu sos de hrean

ingrediente

¾ cană buchețe de conopidă

ceasca de castraveti

¼ cană roșii tăiate cu semințe

2 linguri. Ridichi feliate

1 lingura. Ceapa verde taiata felii

2 linguri. Telina taiata cubulete

¼ cană brânză americană cuburi

Pentru condimente:

2 linguri. maioneză

1-2 linguri. zahăr

1 lingura. Hreanul gata

1/8 linguriță. Piper

linguriţă. sare

Metodă

Amesteca conopida, castravetele, rosiile, telina, ridichile, ceapa verde si branza intr-un castron mare. Ține-o deoparte. Luați un castron mic. Amestecați maioneza, zahărul, hreanul până când zahărul se dizolvă și formează un amestec omogen. Se toarnă dressingul peste legume și se amestecă bine. Se da la frigider pentru 1-2 ore. Se serveste rece.

Bucurați-vă!

Salată de mazăre dulce și paste

ingrediente

1 cană de macaroane

2 căni de mazăre congelată

3 oua

3 cepe verde, tocate

2 tulpini de telina, tocate

¼ cană sos de salată ranch

1 lingurita. zahar alb

2 lingurite otet de vin alb

2 muraturi dulci

1 cană brânză cheddar rasă

¼ piper negru proaspăt măcinat

Metodă

Fierbe pastele în apă clocotită. Adăugați un praf de sare în el. Când ați terminat, clătiți-l cu apă rece și scurgeți-l. Luați o cratiță și umpleți-o cu apă rece. Adăugați ouăle și aduceți la fiert. Se ia de pe foc si se acopera. Lăsați ouăle să stea în apă caldă timp de 10-15 minute. Scoateți ouăle din apa caldă și lăsați să se răcească. Curățați pielea și tăiați-o. Luați un castron mic și combinați sosul pentru salată, oțetul și zahărul. Se amestecă bine și se condimentează cu sare și piper negru proaspăt măcinat. Combina pastele, ouăle, legumele și brânza. Se toarnă dressingul și se amestecă. Se serveste rece.

Bucurați-vă!

Salata colorata de ardei

ingrediente

1 ardei verde, tăiat fâșii julienne

1 ardei dulce galben, tăiat fâșii julienne

1 ardei roșu dulce, tăiat fâșii julienne

1 ardei gras violet, taiat julienne

1 ceapa rosie taiata fasii julienne

1/3 cana otet

cana de ulei de canola

1 lingura. zahăr

1 lingura. Busuioc proaspăt tocat

linguriță. sare

Un praf de piper

Metodă

Luați un castron mare și amestecați toți ardeii și amestecați bine. Adăugați ceapa și amestecați din nou. Luați un alt bol și adăugați celelalte ingrediente și amestecați energic amestecul. Turnați dressingul peste amestecul de ardei și ceapă. Se amestecă bine pentru a acoperi legumele. Acoperiți amestecul și puneți-l la frigider peste noapte. Se serveste rece.

Bucurați-vă!

Salata de pui, rosii uscate si nuci de pin cu branza

ingrediente

1 pâine italiană, tăiată cubulețe

8 fasii de pui la gratar

½ cană nuci de pin

1 cană de roșii uscate

4 cepe verzi tăiate în bucăți de 1/2 inch

2 pachete de salata mixta

3 linguri. ulei de măsline extra virgin

½ linguriță. sare

½ linguriță. Piper negru proaspăt măcinat

1 lingurita. Praf de usturoi

8 uncii de brânză feta, mărunțită

1 cană de vinegretă balsamică

Metodă

Se amestecă pâinea italiană și uleiul de măsline. Se condimentează cu sare, praf de usturoi și sare. Puneți amestecul într-un singur strat în tava unsă de 9 x 13 inci. Puneți-l în grătarul preîncălzit și gătiți până când se rumenește și se prăjește. Scoateți din cuptor și lăsați să se răcească. Tapetați nucile de pin într-o tavă de copt și așezați-le pe grătarul inferior al cuptorului pentru carne și prăjiți-le cu grijă. Într-un castron mic, luați apă fierbinte și înmuiați roșiile uscate la soare până se înmoaie. Tăiați roșiile felii. Într-un castron de salată, amestecați toate legumele verzi; adauga rosiile, nucile de pin, crutoanele, puiul la gratar, vinegreta si branza. Aruncă bine. Servi.

Bucurați-vă!

Mozzarella si salata de rosii

ingrediente

¼ pahar de oțet de vin roșu

1 catel de usturoi tocat

2/3 cană de ulei de măsline Măsline

1 litru de roșii cherry tăiate în jumătate

1 1/2 cani cuburi de mozzarella parțial degresate

¼ cană ceapă tocată

3 linguri. Busuioc proaspăt tocat

Piper dupa gust

½ linguriță. sare

Metodă

Luați un castron mic. Adăugați oțetul, usturoiul tocat, sare și piper și amestecați până se dizolvă sarea. Se adauga uleiul si se bate amestecul pana se omogenizeaza. Intr-un castron mare adaugam rosiile, branza, ceapa, busuiocul si amestecam usor. Adăugați dressingul și amestecați bine. Acoperiți vasul și puneți-l la frigider pentru 1 până la 2 ore. Se amestecă din când în când. Se serveste rece.

Bucurați-vă!

Salată de dovlecel picant

ingrediente

1 ½ lingură. seminte de susan

¼ cană supă de pui

3 linguri. Pastă de miso

2 linguri. Sos de soia

1 lingura. Otet de orez

1 lingura. Suc de lămâie

½ linguriță. Sos chili thailandez

2 lingurite zahar brun

½ cană ceapă verde tocată

¼ cană coriandru tocat

6 dovlecei, taiati in juliana

2 foi de Nori tăiate în felii subțiri

2 linguri. fulgi de migdale

Metodă

Puneți semințele de susan într-o tigaie și puneți-o la foc mediu. Gatiti 5 minute. Se amestecă continuu. Toast ușor. Combinați bulionul de pui, sosul de soia, pasta miso, oțetul de orez, sucul de lămâie, zahărul brun, sosul chili, ceapa verde și coriandru într-un castron și amestecați. Într-un castron mare de salată, amestecați dovleceii și dressingul pentru a le îmbrăca uniform. Se ornează dovlecelul cu semințe de susan prăjite, migdale și nori. Serviți imediat.

Bucurați-vă!

Salată de roșii și sparanghel

ingrediente

1 kilogram de sparanghel proaspăt, tăiat în bucăți de 1 inch

4 roșii, tăiate felii

3 cani de ciuperci proaspete, feliate

1 ardei verde, tăiat fâșii julienne

¼ cană ulei vegetal

2 linguri. oțet de mere

1 catel de usturoi tocat

1 lingurita. Frunze uscate de mugwort

linguriță. Sos chili

linguriță. sare

linguriță. Piper

Metodă

Într-o tigaie, luați o cantitate mică de apă și gătiți sparanghelul până când devine crocant și fraged, aproximativ 4 până la 5 minute. Scurge-l si tine-l deoparte. Într-un castron mare de salată, combinați ciupercile cu roșiile și ardeiul verde. Combinați celelalte ingrediente rămase într-un alt bol. Combinați amestecul de legume cu sosul. Se amestecă bine și se acoperă și se dă la frigider pentru 2 până la 3 ore. Servi.

Bucurați-vă!

Salata de castraveti cu menta, ceapa si rosii

ingrediente

2 castraveți, tăiați în jumătate pe lungime, fără semințe și feliați

2/3 cana ceapa rosie tocata grosier

3 roșii, fără semințe și tăiate grosier

½ cană frunze de mentă proaspătă tocate

1/3 cană oțet de vin roșu

1 lingura. îndulcitor granulat fără calorii

1 lingurita. sare

3 linguri. Ulei de masline

Un praf de piper

Sarat la gust

Metodă

Combinați castraveții, îndulcitorul granulat, oțetul și sarea într-un castron mare. Lasă-l să se înmoaie. Ar trebui lăsat la temperatura camerei cel puțin 1 oră pentru a se marina. Din când în când, amestecați amestecul. Se pune rosiile, ceapa, menta proaspata tocata. Aruncă bine. Adăugați uleiul în amestecul de castraveți. Se amestecă pentru a acoperi uniform. Se adauga sare si piper dupa gust. Se serveste rece.

Bucurați-vă!

Adas salatas

(Salata de linte turceasca)

Ingrediente:

2 cani de linte, curatata

4 căni de apă

ceasca de ulei de masline

1 ceapă, feliată

2-3 catei de usturoi, feliati

2 lingurite Chimen praf

1-2 lămâi, numai suc

1 legatura patrunjel, feliat

Se sare și se mărește după gust

2 roșii, tăiate felii (opțional)

2 ouă fierte tari și tăiate felii (opțional)

Masline negre, opțional

¼ cană lapte feta, opțional, mărunțit sau feliat

Metodă

Adăugați fasolea și apa într-o oală mare și fierbeți la foc mediu-mare. Coborâți focul, asigurați și pregătiți până este gata. Nu găti prea mult. Se scurge si se spala cu apa rece. Încinge uleiul de măsline într-o tigaie la foc mediu. Adăugați ceapa roșie și căleți până când devine pur și simplu translucid. Se adauga cateii de usturoi si chimenul si se mai calesc inca 1-2 minute. Asezati fasolea intr-o farfurie mare si adaugati ceapa rosie, rosiile si oul. Combinați sucul de lămâie, pătrunjelul, boostul și sarea. Serviți proaspăt acoperit cu brânză.

Bucurați-vă!

Ajvar

Ingrediente:

3 vinete medii, tăiate la jumătate, pe lungime

6-8 ardei roșii dulci

½ cană de ulei de măsline

3 linguri. Oțet sau suc de portocale proaspăt încărcat și curat

2-3 catei de usturoi, feliati

Se sare și se mărește după gust

Metodă

Preîncălziți cuptorul la 475 de grade F. Puneți vinetele cu partea tăiată în jos pe o foaie de copt unsă bine cu ulei și coaceți până când stilurile sunt înnegrite și vinetele sunt gata, aproximativ 20 de minute. Transferați pe o farfurie mare și acoperiți cu abur pentru câteva minute. Se aseaza ardeii dulci pe tava si se da la cuptor, intorcandu-se, pana se innegreaza pielea si ardeii sunt moi, inca vreo 20 de minute. Transferați pe o altă farfurie și gătiți capacul pentru câteva minute. După ce legumele curățate s-au răcit, scoateți pulpa de vinete într-o farfurie mare sau într-un mixer, aruncând restul părților. Tăiați ardeii dulci și adăugați-i la vinete. Folosiți un zdrobitor de cartofi pentru a zdrobi vinetele și ardeii dulci împreună până la omogenizare, dar totusi cam dezgustat. Dacă utilizați un mixer, bateți combinația până la textura dorită.

Bucurați-vă!

Salata Bakdoonsiyyeh

Ingrediente:

2 legături de pătrunjel italian, feliat

cupa Tahini

¼ cană suc de lămâie

Sarat la gust

cascadă

Metodă

Se amestecă tahini, se freacă sucul proaspăt de portocale și sarea într-un castron până se omogenizează. Adăugați o lingură. sau două de apă cât să facă un pansament gros. Asezonați după gust. Se adauga patrunjelul tocat si se amesteca. Serviți imediat.

Bucurați-vă!

Salata Rellen

Ingrediente:

2 lbs. Țelină galbenă, Yukon Gold

½ cană de ulei

¼ cană suc de lămâie sau portocale proaspăt încărcat curat

2-3 chili amarillo loc, optional

Se sare și se mărește după gust

2 căni de umplutură

2-3 ouă fierte, feliate

6-8 măsline negre fără sâmburi

Metodă:

Pune țelina într-o cratiță cu multă apă cu sare. Se încălzește până la fierbere și se fierbe țelina până când se înmoaie și se fixează. Ține deoparte. Puneți țelina într-un piure de cartofi sau piure cu un piure de cartofi până se omogenizează. Se amestecă uleiul, se mărește (dacă se folosește), calciu mineral sau suc de portocale proaspăt curat și sare după gust. Tapetați o tavă pentru lasagna. Întindeți 50% din țelină pe fundul farfurii și nivelați. Întindeți umplutura preferată în mod similar peste țelină. Distribuiți țelina rămasă peste umplutură în același mod. Puneți o farfurie cu ofrande cu susul în jos deasupra farfurii cauza. Folosind ambele mâini, răsturnați placa pe farfurie, aruncând cauza pe farfurie. Decorați cauza decorativ cu oul fiert tare și măsline și, dacă doriți, un condiment.

Bucurați-vă!

Salata Curtido

Ingrediente:

½ cap de varză

1 morcov, decojit și ras

1 cană de fasole

4 căni de apă clocotită

3 cepe primavara taiate felii

½ cană de oțet alb de mere

½ cană de apă

1 boost de ardei jalapeno sau serrano

½ linguriță. sare

Metodă

Aranjați legumele și fasolea într-un vas mare rezistent la căldură. Adăugați apa spumoasă în vas pentru a acoperi legumele și fasolea și lăsați deoparte aproximativ 5 minute. Scurgeți într-o strecurătoare, storcând cât mai mult lichid posibil. Puneți legumele și fasolea înapoi pe farfurie și amestecați cu restul elementelor. Se lasă să se întărească la frigider pentru câteva ore. Se serveste rece.

Bucurați-vă!

Salata Gado Gado

ingrediente

1 cană fasole verde, fiartă

2 morcovi, decojiti si feliati

1 cană de fasole verde, tăiată în lungimi de 2 inci, fiertă la abur

2 cartofi, decojiti, fierti si feliati

2 cani de salata romana

1 Castraveți, decojiți, tăiați rondele

2-3 rosii, taiate felii

2-3 ouă fierte tari, tăiate felii

10-12 Krupuk, biscuiți cu creveți

sos de arahide

Metodă

Combinați toate ingredientele, cu excepția salatei romane și amestecați bine. Serviti salata pe un pat de salata romana.

Bucurați-vă!

Hobak Namulu

ingrediente

3 Dovlecei Hobak sau dovlecei, tăiați în semiluni

2-3 catei de usturoi, tocati

1 lingurita. zahăr

sare

3 linguri. Marinada de soia

2 linguri. Ulei de susan prajit

Metodă

Aduceți o oală cu apă la abur la foc mediu-înalt. Adăugați zdrobitul și gătiți aproximativ 1 minut. Se scurge si se spala cu apa rece. Scurgeți din nou. Combinați toate ingredientele și amestecați bine. Se servește fierbinte cu o selecție de garnituri japoneze și o masă principală.

Bucurați-vă!

Salata Horiatiki

ingrediente

3-4 rosii fara samburi si tocate

1 castravete, curatat de coaja, fara samburi si tocat

1 ceapa rosie, taiata felii

½ cană măsline Kalamata

½ cană de brânză feta, tocată sau mărunțită

½ cană de ulei de măsline

ceasca de otet de mere

1-2 catei de usturoi, tocati

1 lingurita. Origan

Sare si aroma dupa gust

Metodă

Combinați legumele proaspete, măslinele și produsele lactate într-un vas imens, nereactiv. Într-un alt fel de mâncare, amestecați uleiul de măsline, oțetul de mere, cățeii de usturoi, oregano, condimentați și sarea. Turnați dressingul în vasul cu legumele proaspete și amestecați. Se lasă deoparte la marinat pentru o jumătate de oră și se servește fierbinte.

Bucurați-vă!

Salată de pui Waldorf

Ingrediente:

Sare si piper

4,6 până la 8 uncii de piept de pasăre dezosați și fără piele, nu mai mare de 1 inch, grei, tăiați

½ cană de maioneză

2 linguri. suc de lămâie

1 lingurita. mustar Dijon

½ linguriță. seminte de fenicul macinate

2 coaste de telina, tocate

1 şalotă, tocată

1 Granny Smith decojit, decupat, tăiat în jumătate și tăiat în bucăți de 1 inch

1/2 cana nuci, tocate

1 lingura. tarhon proaspat feliat

1 lingurita. cimbru proaspăt feliat

Metodă

Se dizolvă 2 linguri. sare in 6 cani de apa rece intr-o cratita. Scufundați păsările de curte în apă. Încinge oala peste apă fierbinte până la 170 de grade Celsius. Opriți focul și lăsați-l să se odihnească 15 minute. Întoarceți carnea de pasăre într-o farfurie tapetată cu prosoape de hârtie. Dă la frigider până când carnea de pasăre se răcește, aproximativ o jumătate de oră. În timp ce carnea de pasăre se răcește, amestecați împreună maioneza, sucul de lămâie, muștarul, feniculul măcinat și ¼ de linguriță. se ridică împreună într-un vas mare. Se usucă carnea de pasăre cu bureți și se taie în bucăți de jumătate de inch. Întoarceți carnea de pasăre în vas cu amestecul de maioneză. Adăugați fulgii de ovăz, eșalota, sucul de mere, nucile, tarhonul și cimbru; se amestecă. Asezonați cu boost și adăugați sare după gust. Servi.

Bucurați-vă!

www.ingramcontent.com/pod-product-compliance
Lightning Source LLC
Chambersburg PA
CBHW070055110526
44587CB00013BB/1702